O GUIA FÁCIL PARA INICIANTES

APRENDER A PROGRAMAR EM

PYTHON.

2

Contente

O GUIA FÁCIIPARA INICIANTES APRENDER A
PROGRAMAR EM PYTHON. 1

Introdução ao Python 9

Descreve Python. ....dez

É fácil de usar e ensinar Python ....12.

Usando Python no desenvolvimento web 13

Linguagem de programação versátil 13

Aprendizado de máquina e visualização de
dados 14

Estatísticas analíticas 14

A linguagem é comumente usada em ciência de
dados ....15.

Uma grande variedade de edifícios e bibliotecas
................16

Automação de tarefas e scripts 17

Ferramentas de aprendizado de máquina
podem usar Python. 18

Python na instrução 18

Tarefas comuns 19

A casa inteligente 20

Para uma comunidade muito caridosa 20

Continuidade e flexibilidade 21

Guia de instalação e configuração do Python 3
....21

Google Play Store22

Como determinar a versão do Python no
Windows 23

Qual é a sintaxe em Python? 26

Um exemplo de sintaxe em Python 26

Use um programa Python simples para
verificar se uma pessoa está qualificada para
votar. 27

Estruturas de dados Python 27

Para ilustrar, crie uma ....lista Python 29.

tupla 29

Exemplo: operações de tupla Python. 31

Como os canais não podem ser editados, um
novo canal é criado. 33

Tipos de operadores Python: A linguagem de
programação Python oferece suporte aos
seguintes tipos de operadores. 33

Operadores aritméticos em Python 34

4

Operadores de comparação em Python 34

Operadores de atribuição em Python 35

Operadores bit a bit em Python 37

Operadores lógicos em Python 37

Operadores de associação em Python 38

Formulário 38

Configurar um módulo 39

Recursos 40

Várias funções 41

Benefícios das Funções Personalizadas 41

Explique o termo "programação orientada a objetos". 42

O que inclui o gerenciamento de arquivos Python? ....Quatro cinco

Como o Python lida com operações de arquivo? 46

O que é depuração e tratamento de erros? ...46

Tratamento de erros no design do compilador 47

O que são APIs e bibliotecas? 48

O que envolve o uso de APIs? 49

Análise de dados Python 49

5

Solicite ou especifique requisitos de dados 50

Como você pode usar Python para acessar SQL? 51

O Python tem seu lugar no desenvolvimento web? 54

Vantagens do Python 57

Desvantagens do Python 60

usar e ensinar..

desenvolvimento web 7

linguagem de programação 7

Aprendizado de máquina e visualização de dados 7

Estatísticas analíticas 8

A linguagem é comumente usada em ciência de dados ....8.

Uma grande variedade de edifícios e bibliotecas 9

Automação de tarefas e scripts 10

Ferramentas de aprendizado de máquina podem usar Python. ....onze

Python na instrução 11

Tarefas comuns 12

6

A casa inteligente 12

Para uma comunidade muito caridosa 13

Continuidade e flexibilidade 13

14 Guia de instalação e configuração ....

Google Play Store14

Como determinar sua versão Python no
Windows 15

Qual é a sintaxe em Python? 18

Um exemplo de sintaxe em Python 18

Use um programa Python simples para
verificar se uma pessoa está qualificada para
votar. 19

Python 19

Crie uma lista Python como no exemplo 21

tupla 21

Exemplo: operações de tupla Python. 23

Como os canais não podem ser editados, um
novo canal é criado. 25

Tipos de operadores Python: A linguagem de
programação Python oferece suporte aos
seguintes tipos de operadores. 25

Operadores aritméticos em Python 25

Operadores de comparação em Python 26

Operadores de Atribuição em Python 27

Operadores bit a bit em Python 29

Operadores lógicos em Python 29

Operadores de associação em Python 30

Formulário 30

Configurar um módulo 31

Recursos 32

Várias funções 33

Benefícios das Funções Personalizadas 33

Explique o termo "programação orientada a objetos". 3.4

O que inclui o gerenciamento de arquivos Python? 36

Como o Python lida com operações de arquivo? 36

O que é depuração e tratamento de erros? ...37

Tratamento de erros no design do compilador 38

O que são APIs e bibliotecas? 38

O que envolve o uso de APIs? 39

Análise de dados Python 39

Solicitar ou especificar requisitos de dados 40

Como você pode usar Python para acessar SQL? 41

O Python tem seu lugar no desenvolvimento Web? 43

Vantagens do Python 45

As desvantagens do Python 48

Introdução ao Python

Python, uma linguagem de programação de alto nível de uso geral popular. Foi desenvolvido pela Python Foundation após ser criado por Guido van Possum em 1991. Com sintaxe de programação projetada para tornar o código mais fácil de ler, os programadores podem expressar seus pensamentos com menos código.

A linguagem de programação Python permite um trabalho mais rápido e uma integração de sistema mais bem-sucedida.

As versões mais utilizadas do Python são Python 2 e Python 3. As duas são muito diferentes.
Twitter é uma linguagem dinâmica compilada e interpretada usando

bytecode. Os tipos de variáveis, parâmetros, funções e métodos não são declarados no código-fonte. Você sacrifica a verificação de tipo no código-fonte em tempo de compilação, mas isso resulta em um código curto e flexível.

Descreve Python.

Guido van Possum desenvolveu a linguagem de programação universal Python na década de 1980, que em 2023 se tornará a linguagem de programação mais popular do mundo por ser muito flexível, adaptável e adequada para iniciantes.

A linguagem de programação mais usada e mais fácil de aprender é Python. Oferece uma comunidade forte e recursos especializados, bem como uma ampla gama de oportunidades de emprego em todos os setores e profissões. De acordo com as classificações PYPL e TIOBE, Python ultrapassou C para se tornar a linguagem de programação líder em junho de 2023.

• Python foi projetado para uma ampla gama de aplicações e não para resolver problemas específicos, como:

• Automação, ciência de dados, desenvolvimento web, desenvolvimento de software, análise

É fácil usar e ensinar Python.

Devido à sua facilidade de uso e compreensão, Python é uma escolha adequada para iniciantes. A linguagem possui a sintaxe mais simples de todas as linguagens de programação em uso atualmente, o que a torna a mais acessível. Além disso, a linguagem natural tem precedência sobre todas as outras linguagens de programação. A facilidade de uso e compreensão do Python permite criar e executar rotinas muito mais rápido do que outras linguagens de programação. A popularidade do Python cresceu significativamente, em parte devido à facilidade com que programadores de todos os níveis podem compreender e criar código.

Use Python no desenvolvimento web

De acordo com especialistas em desenvolvimento web, Python é considerada uma das linguagens de programação mais úteis. A disponibilidade de suas diversas aplicações com soluções prontas para uso para tarefas básicas de desenvolvimento web aumenta a velocidade de um único projeto.

Linguagem de programação versátil

Python é conhecido por sua adaptabilidade, o que permite que seja utilizado para diversas tarefas. Vamos explorar os casos de uso do Python com mais detalhes.

Aprendizado de máquina e visualização de dados.

Python pode ser usado para visualizar dados na forma de gráficos de pizza, histogramas e gráficos de barras e linhas. Além disso, você pode lidar com a ciência de dados com mais eficiência usando estruturas Python como Tensor Flow.

Estatísticas analíticas

Python facilita a execução de cálculos estatísticos difíceis e economiza tempo e esforço durante o processamento e avaliação.

A linguagem é amplamente utilizada na ciência de dados.

Qualquer que seja o caminho escolhido, os dados continuarão a ser importantes para o setor de TI. Atualmente, Python é amplamente utilizado em ciência de dados.

Especialistas que utilizam tecnologias modernas de análise de dados devem se familiarizar com linguagens de programação como Python, pois a quantidade de dados gerados por essas ferramentas aumenta a cada dia. Para aproveitar as vantagens das mais recentes tecnologias de ponta, os profissionais de dados também devem estar atualizados sobre os desenvolvimentos do setor.

Uma grande variedade de edifícios e bibliotecas.

Python é especialmente popular porque dá aos desenvolvedores acesso a dezenas de módulos e estruturas diferentes. Graças a essas bibliotecas e frameworks, a linguagem é mais útil porque requer menos tempo. NumPy, SciPy, Django e outras bibliotecas, usadas para diversas aplicações, são algumas das bibliotecas Python mais conhecidas.

Automatize tarefas e scripts

Python é especialmente útil se você deseja aumentar a produtividade automatizando ou criando scripts de tarefas repetitivas. Com Python você pode acelerar várias coisas, incluindo

- Reconheça erros
- converter arquivos
- E-mails enviados
- Descoberta de conteúdo na Internet
- Eliminação de dados redundantes
- cálculo matemático rudimentar

Ferramentas de aprendizado de máquina podem usar Python.
Python é usado em pesquisas de big data e aprendizado de máquina para avançar nesses campos. Python é muito útil na indústria de inteligência artificial e também é usado em ciência de dados, robótica e outras áreas de crescimento tecnológico.

Python na educação

Nos cursos universitários há uma ênfase crescente no idioma. Python é frequentemente usado em áreas como ciência de dados, inteligência artificial, aprendizado profundo e outras, o que explica o porquê. Além disso, é crucial que as escolas e as empresas integrem a língua nos seus currículos, uma vez que um grande número de estudantes pretende procurar emprego no setor tecnológico.

Tarefas de rotina

Python também poderia ajudar não-programadores, como gerentes de mídia social e jornalistas, simplificando suas tarefas habituais. Python pode ser usado para atualizar automaticamente listas de suprimentos, mover dados de arquivos de texto para planilhas e rastrear valores de estoque, entre outras coisas.

Habilitada pela Iota, a Internet das Coisas (Iota) é uma vasta rede de dispositivos e tecnologias interconectados que permitem comunicações entre dispositivos e a nuvem. Exemplos famosos de Iota são:

A casa inteligente

Rastreador de atividades para veículos conectados

Tecnologia vestível com realidade aumentada.

Para uma comunidade muito caridosa.

Uma das linguagens de programação mais antigas e populares desde então. Isso lhe permitiu criar uma comunidade vibrante de desenvolvedores e programadores. Os alunos que estudam Python têm o suporte necessário para aprender facilmente as habilidades exigidas pelo setor e receber o treinamento adequado.

Continuidade e flexibilidade

Python é uma linguagem flexível que oferece aos programadores muito espaço para experimentar novas ideias. Os especialistas em Python não se contentarão com o status quo; Tentarão desenvolver novos processos, tecnologias ou aplicações. Os desenvolvedores podem se concentrar em aprender um único idioma e aproveitar ao máximo suas habilidades, proporcionando-lhes a independência e a flexibilidade necessárias.

Guia de instalação e configuração do Python 3

Integração Python no Windows

Existem cinco técnicas de instalação no Windows:

Loja de aplicativos do Google

A instalação completa do Linux para o subsistema Windows.

Nesta seção, você aprenderá como verificar se o Python está instalado em seu computador Windows. Você também aprenderá qual das três técnicas de instalação deve escolher. Para obter instruções de configuração mais detalhadas, consulte o tutorial "Seu ambiente de codificação Jingo no Windows: configuração".

Como determinar sua versão do Python no Windows

Para determinar se o Danto já está instalado em seu PC com Windows, use um software de linha de comando como o PowerShell.

Como dica, veja como iniciar o PowerShell:

Pressione Win e digite PowerShell para começar.
Insira a chave.
Ao clicar com o botão direito no botão Iniciar, você pode escolher entre Windows PowerShell e Azure PowerShell (Admin).
Você também pode usar o Terminal do Windows ou cmd.exe.

Observação: para obter mais informações sobre as opções do

terminal do Windows, consulte Usando o Terminal no Windows.

Abra a linha de comando, digite o seguinte comando e pressione Enter:

o comando "python --Python versão 3.8.4"
Você pode ver a versão instalada usando a opção --version. Alternativamente, você pode usar a opção -V:

Python -V 3.8.4 pode ser encontrado em C:
De qualquer forma, se você vir uma versão inferior a 3.8.4, que era a versão mais recente no momento em que este artigo foi escrito, você deve atualizar sua instalação.

As duas instruções acima iniciarão a Microsoft Store e levarão você à página do aplicativo Python se você ainda não tiver uma versão do Python instalada em seu computador. Na próxima parte, você aprenderá como concluir a instalação da Microsoft Store.

Se estiver curioso, você pode usar o comando Where.exe no PowerShell ou cmd.exe para encontrar o caminho de instalação:

Qual é a sintaxe em Python?

Todos os princípios usados para construir sentenças na programação Python são definidos pela sintaxe Python.

Por exemplo, para compreender a língua inglesa, devemos estudar gramática. Da mesma forma, para dominar a linguagem Python, você deve primeiro estudar e compreender sua gramática.

Um exemplo de sintaxe em Python

A estrutura gramatical clara do Python contribui para sua popularidade.

Você pode ter uma ideia de como é a programação Python dando uma rápida olhada em um aplicativo Python simples.

Use um programa Python simples para verificar se uma pessoa está qualificada para votar.

print("Digite seu nome:") após obter o nome de usuário.

Obtenha a idade do usuário print("Digite sua idade:") name = input()

idade é igual a int (input())

Se (idade >= 18), determine se o usuário está autorizado ou não:

print(nome, "pode votar".

Alternativamente: print(nome, 'não elegível para votar.')

Estruturas de dados Python

acessível mais rapidamente dependendo da situação. O componente fundamental de toda linguagem de programação e a base de toda **lista**.

O programa é a estrutura de dados. Python é mais fácil de aprender do que outras linguagens de programação quando se trata de compreender os princípios dessas estruturas de dados.

As listas em Python são como tabelas em outras linguagens, ou seja, coleções de dados apresentados de maneira ordenada. Uma lista é muito flexível porque seus componentes não precisam ser do mesmo tipo. Listas em Python são semelhantes a vetores em C++ ou listas de matrizes em Java. A ação mais cara é adicionar ou remover um membro do topo da lista, pois todos os componentes devem ser movidos. O custo de exclusão ou inserção no final da lista pode aumentar se a RAM recém-alocada estiver completamente esgotada.

Para ilustrar, crie uma lista Python

Lista = imprimir(Lista) [1, 2, 3, "GFG", 2.3].

tupla

Uma tupla Python é uma coleção de objetos Python, semelhante a uma lista, exceto que as tuplas são inerentemente imutáveis, o que significa que seus componentes não podem ser modificados ou adicionados depois de gerados . Uma tupla pode ter componentes de diferentes tipos, semelhantes a uma lista.

Usar uma "vírgula" para dividir uma série de valores, ou com ou sem o uso de parênteses para organizar a sequência de dados, cria uma tupla em Python.

Também é possível criar tuplas a partir de um único elemento, mas é mais difícil. Um elemento entre colchetes não é suficiente; Para convertê-lo em uma tupla, é necessária a seguinte "vírgula".

Exemplo: operações de tupla Python.

Strings são usadas para criar uma tupla.
Tupla = ('Geeks', 'For') print("Use uma string em uma tupla:")
imprimir (tuplas)

List1 = [1, 2, 4, 5, 6] print("Tuple using List:") cria uma tupla usando uma lista.
Tupla é igual a Tupla (lista1).

Use indexação para acessar um elemento de impressão("Primeiro elemento da tupla")
imprimir (Tupla [0])

Acesse o último elemento de uma tupla usando indexação negativa print("Último elemento da tupla")
print(Tuple[-1])

print ("Terceiro penúltimo elemento da Tupla")
imprimir (tupla[-3])
Matrizes de strings Python de bytes que representam caracteres Unicode formam strings. Uma string pode ser considerada uma coleção imutável de caracteres. Um único caractere em Python é apenas uma string de comprimento 1 porque não existe tipo de dados de caractere.

Como os canais não podem ser editados, um novo canal é criado.

Tipos de operadores Python: A linguagem de programação Python oferece suporte aos seguintes tipos de operadores.

Operadores de comparação (operadores de relação) para aritmética
Operador de tarefa
Operadores inteligentes
Operadores de bits
Portadores de ingressos para a temporada
Operadores individuais
Vamos dar uma olhada rápida em cada operador.

Operadores aritméticos em Python

Operadores executados por Python. Essas operações incluem adição, subtração, multiplicação, divisão, módulo, exposições e divisão mínima.

Exemplo de nome do operador + adição Subtraia 10 de 20 para obter 30 Multiplicação: 20 - 10 = 10 Divisão de 10 * 20 = 20020/10 = 2% Divisão do módulo terrestre 22% 10 = 2 Expoente 4 ** 2 = 169/ /2 = 4

Operadores de comparação em Python

Os valores em ambos os lados de um operador de comparação em Python são comparados para determinar seu relacionamento. Operadores de comparação são outro nome para eles. Esses operadores são iguais a, diferentes de, maiores que, menores que, maiores ou iguais a e menores ou iguais a.

Exemplo de nome de operador != Diferente de 4 != 5 é verdadeiro. == O mesmo que 4 == 5 não é verdade. Isso não é verdade: maior que 4 > 5. Menos de 4 em 5 são verdadeiros. Não é verdade que 4 >= 5 ou maior ou igual a 4.
Se 4 for menor ou igual a 5, então 5.
Operadores de atribuição em Python
Variáveis podem receber valores usando operadores de atribuição Python. Esses operadores incluem operadores básicos de atribuição, bem como operadores de adição, subtração, multiplicação, divisão e atribuição.

Um exemplo de nome de operador é "atribuição". Atribuição a += 5 (Igual a a = a + 5) Operador a = 10 + Problema de subtração: a -= 5 (igual a = a - 5)

Problema de multiplicação: a *= 5 (igual a = a * 5)

Problema de divisão: a = a/5 (também chamado de a = a/5)

Atribuição %= restante a%= 5 (igual a aa = a%)

Atribua o expoente a a = 2 (também conhecido como a = a**2)

Atribuição da divisão do plano igual a 3 (ou seja, a = a // 3)

Operadores bit a bit em Python

Operadores bit a bit trabalham bit a bit e manipulam bits. Vamos considerar o caso em que a = 60 e b = 13. Nesse caso, seus valores na forma binária seriam respectivamente 0011 1100 e 0000 1101. Os operadores bit a bit permitidos na linguagem Python estão listados na tabela abaixo junto com um exemplo. década. Usamos as duas variáveis mencionadas acima (a e b) como operandos.

Operadores lógicos em Python

A linguagem de programação Python oferece suporte aos seguintes operadores lógicos. Suponha que a variável a contenha 10 e a variável b contenha 20,

Operadores de associação em Python

Os operadores de associação em Python verificam se há uma sequência de elementos, como strings, listas ou tuplas. Conforme descrito abaixo, existem duas operadoras de assinatura.

Formulários

Um arquivo Python com suffix.py que pode ser importado para outro programa Python é chamado de módulo.

O nome do módulo é substituído pelo nome do arquivo Python.

1) As definições de classe e sua implementação estão incluídas no módulo. 2) variáveis; e 3) Funções

que podem ser utilizadas internamente.

Trabalhar com módulos torna o código reutilizável, o que é uma vantagem dos módulos.
Simplicidade: Em vez de focar no tópico inteiro, o módulo foca em um pequeno aspecto dele.
Escopo: Para evitar conflitos de ID, um módulo especifica um namespace exclusivo.

Configurar um formulário

Crie um formulário com uma única função
Este software cria uma função chamada "Módulo" e a salva em um arquivo chamado Yashi.py (o nome do arquivo mais o sufixo.py).

Crie um formulário com vários recursos.

Desenvolvemos quatro funções de adição, multiplicação, subtração e divisão nesta aplicação.

Nomeie o documento como Operations.py

Características

Uma função é um trecho de código que é executado somente quando chamado. Você pode fornecer parâmetros (dados) para uma função.

Portanto, uma função pode retornar dados.

Várias funções

1. Funções personalizadas: Funções personalizadas são aquelas que desenvolvemos para realizar uma tarefa específica.

Como você pode ver no arquivo de exemplo Yashi.py acima, criamos nossa própria função para realizar algumas operações.

Benefícios das funções personalizadas

As funções personalizadas facilitam a compreensão, a manutenção e a depuração de programas, dividindo-os em seções gerenciáveis.
quando um programa tem código repetitivo. Esses programas podem

ser colocados em uma função que pode ser chamada para execução quando necessário.

Explique o termo "programação orientada a objetos".

O paradigma da programação orientada a objetos (OOP) para programação de computadores organiza o design de software em torno de dados ou objetos, em vez de funções e lógica. Um campo de dados que exibe certas características e comportamentos é chamado de objeto.

Na POO, o foco está mais nos objetos que os programadores desejam manipular do que na lógica necessária para fazê-lo. Aplicativos complexos, grandes e atualizados ou mantidos com frequência são adequados para esse estilo de desenvolvimento. Isso inclui software de design e fabricação, bem como aplicativos móveis. Por exemplo, software de simulação de sistema pode ser criado usando programação orientada a objetos.

Devido à estrutura do software orientado a objetos, a estratégia é vantajosa no desenvolvimento colaborativo quando os projetos são divididos em grupos. A programação orientada a objetos também oferece benefícios de eficiência, escalabilidade e reutilização de código.

O que inclui o gerenciamento de arquivos Python?

Além de criar, abrir, adicionar, ler e escrever, Python também suporta...

O gerenciamento de arquivos é uma tarefa comum durante a programação. Os métodos integrados do Python para gerar, abrir e fechar arquivos simplificam o gerenciamento de arquivos. Quando um arquivo é aberto, o Python também permite diversas ações no arquivo, como leitura, gravação ou adição de dados.

Como o Python lida com operações de arquivo?

- Use o método open() do Python para abrir um arquivo

- "r": Este modo indica que o arquivo está disponível apenas para leitura.
- O modo "w" indica que o arquivo está aberto apenas para escrita. ...
- A saída deste programa é adicionada à saída anterior deste arquivo, conforme indicado pelo modo "a".

O que é depuração e tratamento de erros?

Portanto, o tratamento de erros é uma forma de evitar que um erro potencialmente devastador interrompa um programa. Em vez disso, seu aplicativo pode alertar o usuário de uma forma muito mais amigável quando ocorre um problema, ao mesmo tempo que permite manter o controle do programa.

O que você quer dizer com tratamento de erros?

Tratamento de erros no design do compilador

Quaisquer problemas devem ser detectados e relatados ao usuário. Em seguida, você precisa desenvolver e implementar um plano de recuperação para resolver o problema. A velocidade de processamento do programa não deve ser lenta durante todo o processo. A detecção de erros é uma função de um manipulador de erros.

O que são APIs e bibliotecas?

Uma biblioteca é uma coleção de aplicativos que executam tarefas relacionadas juntas ou o mesmo trabalho em grupos. Simplificando, uma biblioteca parece um grande pedaço de código. Uma API é a interface que você usa para interagir com outro sistema, que pode ser uma biblioteca. Uma API geralmente é vista como um grupo de métodos e funcionalidades.

O que envolve o uso de APIs?

Mas estamos tão felizes que você perguntou! As APIs são uma parte essencial do nosso mundo digital, possibilitando bilhões de experiências digitais a cada minuto, todos os dias. A sigla API significa "Interface de Programação de Aplicativo". APIs são um tipo de interface de software que permite que dois aplicativos se comuniquem.

Análise de dados Python

A análise de dados é o processo de coleta, processamento e organização de dados para fazer previsões sobre o futuro e tomar decisões informadas com base nos dados. Também é útil pesquisar possíveis respostas para problemas de negócios. A análise dos dados é dividida em seis fases. Do seguinte modo:

Solicitar ou facilitar solicitações de dados

Preparação ou coleta de dados, limpeza, processamento, análise, compartilhamento, relatórios.

- Quais são as sete etapas da análise de dados?

- Para avaliar os dados corretamente, siga estas etapas:
- Decida um objetivo. Primeiro, determine as principais metas e objetivos de sua análise de dados.
- Selecione o tipo apropriado de análise de dados que deseja usar.
- Determine uma estratégia de coleta de dados.
- Colete dados e limpe-os.
- Analise as informações.
- Veja informações.
- Pesquisa descritiva.

Como você pode usar Python para acessar SQL?

O driver ODBC para SQL Server permite conectar-se ao SQL Server a partir do Python.

Faça login primeiro. pock nan = pyodbc.connect import('DRIVER=Dearth ODBC Driver para SQL Server'; Servidor: Meu servidor; Banco de dados: Meu banco de dados; Porta: Minha porta; ID do usuário: Meu Ushered; Senha: Minha senha excede ')

O segundo passo é inserir uma linha.

Etapa três: execute a consulta.

Como o Python acessa um banco de dados MySQL?

Conexão Python com um banco de dados MySQL

Instale o módulo de login para MySQL. A conexão MySQL do Python pode ser instalada usando o comando pip.

Instale o módulo de login do MySQL.

Use a técnica connect().

Use a função Cursor().

Use a função run().
Obtenha o resultado com fetchall().
Feche a conexão e os objetos cursor.

O Python tem seu lugar no desenvolvimento web?

Python permite que web designers criem sites usando vários paradigmas de programação. Por exemplo, é adequado tanto para programação funcional (FP) quanto para programação orientada a objetos (OOP). Nosso artigo sobre FP e OOP explica as diferenças entre os dois.

Python é uma linguagem linda. As regras são curtas, simples e divertidas de aprender. Embora seja uma escolha popular para iniciantes, Python também é poderoso o suficiente para executar alguns dos produtos e aplicativos mais conhecidos do mundo de empresas como NASA, Google, IBM, Cisco, Microsoft e Industrial Light & Magic, entre outras .

Python se destaca em diversas áreas, incluindo desenvolvimento web. As muitas estruturas oferecidas em Python incluem Bottle.py, Flask, CherryPy, Pyramid, Django e web2py. Essas estruturas são usadas por alguns dos sites mais populares do mundo, incluindo Yelp, Mozilla, Reddit, Washington Post e Sportily. As lições e artigos nesta seção abordam abordagens para o desenvolvimento de aplicativos Web em Python, com foco em como desenvolver soluções viáveis para problemas com os quais as pessoas comuns realmente precisam de ajuda.

Vantagens do Python

- Python é fácil de usar e aprender para novos usuários. Esta linguagem de programação de alto nível possui uma sintaxe comparável à do inglês. Esses fatores tornam o idioma mais fácil de aprender e se adaptar. Comparado a Java e C, Python requer menos linhas de código para obter o mesmo resultado. Os conceitos do Python podem ser aplicados mais rapidamente do que os de outras linguagens porque são mais fáceis de aprender.

- Resultado aprimorado: a linguagem Python é bastante eficiente. Graças à sua simplicidade, os desenvolvedores podem se concentrar na solução de problemas do Python. Mais trabalho é realizado porque os usuários não precisam gastar horas estudando a sintaxe e os recursos da linguagem de programação.

- Flexibilidade: Os usuários podem experimentar coisas novas porque esta linguagem é muito versátil. Os usuários podem criar vários novos tipos de aplicativos usando a linguagem de programação Python. A linguagem não impede o usuário de experimentar coisas únicas. Python é usado com mais frequência em determinados contextos do que outras linguagens de programação porque oferece mais liberdade e flexibilidade.

- Grande Biblioteca: Ao usar Python, o usuário tem acesso a uma enorme biblioteca. A extensa biblioteca padrão do Python possui praticamente todos os recursos que você pode precisar. Isto se deve ao forte apoio da comunidade local e ao financiamento corporativo. Os usuários do Python não usam bibliotecas externas.

- foi desenvolvido há muitos anos e possui uma comunidade estabelecida que pode ajudar desenvolvedores de todos os níveis de experiência, desde iniciantes até especialistas. Os desenvolvedores podem aprender a linguagem de programação Python de forma mais rápida e completa com os manuais, tutoriais e documentação abrangentes da linguagem. Graças à sua comunidade de apoio, o Python cresceu mais rápido que outras linguagens.

As desvantagens do Python

Já vimos vários motivos pelos quais o Python é uma opção viável para o seu projeto. Mas se você escolher esse caminho, também deve ficar de olho nos resultados.

- Agora vamos examinar as limitações do Python em comparação com outras linguagens.

- Limites de velocidade
- Como vimos, o código Python é executado linha por linha. No entanto, como Python é uma linguagem interpretada, o desempenho costuma ser lento.

- No entanto, a menos que a velocidade seja um elemento-chave do design, isto não é um problema.

- 2. Navegadores e computação móvel ruins
- Python é uma ótima linguagem no lado do servidor, mas é muito menos comum no lado do cliente.

- Além disso, raramente é usado para criar aplicativos

para smartphones. O aplicativo Carbonnelle é um exemplo disso.

- Apesar da presença de Brython, é menos conhecido devido à falta de segurança adequada.

- Limitações de design
- Como você sabe, Python usa digitação dinâmica. Portanto, você não precisa definir o tipo de variável ao escrever o código.

- Bata com um pato. Mas o que é isso? Em termos simples, isto significa que qualquer coisa que se assemelhe a um pato deve ser um.

- Embora isso simplifique a codificação para programadores, podem ocorrer erros de tempo de execução.

- 4. Níveis insuficientes de acesso ao banco de dados
- As camadas de acesso ao banco de dados do Python são um tanto imaturas em comparação com tecnologias mais populares, como JDBC (Java DataBase Connectivity) e ODBC (Open DataBase Connectivity).

- Isso significa que é usado com menos frequência em empresas maiores.

- 5. Básico

- Não, não estamos brincando. A simplicidade do Python pode ser uma desvantagem. Pense no que eu fiz. Estou mais interessado em Python do que em Java.

www.ingramcontent.com/pod-product-compliance
Lightning Source LLC
Chambersburg PA
CBHW071105260726
48661CB00006B/2473